COMPRENDRE
LA LITTÉRATURE

MIXTE
Papier issu de sources responsables
Paper from responsible sources
FSC® C105338

JULES VERNE

Cinq semaines en ballon

Étude de l'oeuvre

© Comprendre la littérature.

22 rue Gabrielle Josserand - 93500 Pantin.

ISBN 978-2-75930-346-5

Dépôt légal : Septembre 2023

Impression Books on Demand GmbH

In de Tarpen 42

22848 Norderstedt, Allemagne

SOMMAIRE

- Biographie de Jules Verne.. 9

- Présentation de *Cinq semaines en ballon*................... 15

- Résumé du roman... 19

- Les raisons du succès... 39

- Les thèmes principaux.. 43

- Étude du mouvement littéraire................................... 51

- Dans la même collection... 55

BIOGRAPHIE DE
JULES VERNE

Jules Verne est considéré aujourd'hui comme le père de la science-fiction moderne grâce à ses romans d'anticipation scientifique. Le genre, fondé sur les perspectives positives et fantastiques du progrès technologique permettant la connaissance et la conquête des terres, des mers et du ciel, nait ainsi en 1863 avec son premier roman Cinq semaines en ballon.

Si tous ses ouvrages n'appartiennent pas à cette catégorie (l'auteur a notamment commencé sa carrière avec des pièces de théâtre), le fait est qu'il a accédé à la légende grâce à la série de ses Voyages Extraordinaires, soit 64 romans. Il est aujourd'hui encore l'auteur francophone le plus lu et le plus traduit dans le monde.

Né à Nantes le 8 février 1828, il est le fils de l'avoué Pierre Verne et de Sophie Allotte de La Fuyë, issue d'une famille d'armateurs. Il sera le premier d'une fratrie de cinq enfants.

Après avoir étudié au Collège Royal de Nantes, son père le pousse en 1847 à apprendre le droit afin de reprendre sa succession. Il va donc à Paris, tant pour les études que pour se voir éloigné d'une femme dont il est épris mais qui est destinée à être mariée : Rose Herminie Arnaud Grossetière. Cette déception sentimentale, la première d'une longue série, marquera sa vie et son œuvre par la suite à tel point que certains parlent du « syndrome d'Herminie », à savoir l'apparition récurrente de la figure de la jeune fille mariée contre son gré.

Jules Verne suit consciencieusement son droit, mais sans grande conviction. Il rencontre Alexandre Dumas en 1848 et se lie d'amitié avec lui et d'autres auteurs. Il commence à partir de ce moment à fréquenter le milieu littéraire de l'époque en marge de ses études.

À dater de 1850 l'auteur commence à écrire des pièces de théâtre dont la première, Les Pailles Rompues, est donnée en représentation au Théâtre Historique alors géré par la famille Dumas. Le succès de cette pièce et des suivantes le pousse à se consacrer davantage à l'écriture contre l'avis de son père, qui voit là une lubie passagère.

Il finit par délaisser complètement le droit pour ses écrits. Il travaille comme secrétaire à partir de 1852 au Théâtre Lyrique ; s'il ne touche pas de salaire, il peut en revanche faire jouer ses pièces. À cette période, il fait la connaissance de l'aventurier Jacques Arago et rencontre de nombreux explorateurs et scientifiques qui lui donneront le gout du récit de voyage.

En 1857 il épouse Honorine de Viane, une jeune veuve rencontrée lors d'un mariage l'année précédente après de nombreux échecs sentimentaux. Elle a déjà deux filles et lui donnera un fils, Michel Verne, en 1861. Afin de nourrir sa famille, Jules Verne se voit forcé d'acheter une charge d'agent de change. Il continue en parallèle à concevoir des pièces de théâtre et à publier des nouvelles, surtout pour le journal Le Musée des familles où il peut se permettre d'adopter un ton grivois sans être censuré, ce qu'il ne pourra d'ailleurs plus se permettre par la suite lors du passage chez Hetzel – publication jeunesse oblige. Il y trouve plus d'agrément que dans son travail et l'avoue sans ambages, d'autant qu'il n'excelle pas particulièrement à son emploi comme le font remarquer ses diverses relations dans leurs témoignages.

C'est en 1962 qu'a lieu le tournant de sa carrière littéraire grâce à la rencontre avec son futur éditeur et ami : Pierre-Jules Hetzel, qui fut notamment l'éditeur de Victor Hugo. Jules Verne signe avec lui un contrat de 20 ans sur ses œuvres à venir, contrat qui au final s'étalera sur 40 ans. Le premier roman, Cinq semaines en ballon, parait en 1963 et rencontre un succès populaire immédiat. La suite de ses ouvrages ne tarde pas à paraître à un rythme régulier, notamment dans Le Magasin d'Éducation et de Récréation, journal destiné à la jeunesse tenu par son éditeur et Jean Macé.

En 1865 l'auteur et sa famille déménagent à Crotoy, Jules Verne finit par abandonner sa charge d'agent de change en 1867 pour se consacrer enfin à plein temps à l'écriture.

En 1868 il fait construire un bateau, le Saint Michel, puis le Saint Michel II en 1876 et le III en 1877, navire avec lequel il effectue quatre grandes croisières en Mer du Nord et en Méditerranée. Jules Verne voyage beaucoup et visite de nombreux pays tout au long de sa vie. Ces périples et tous ceux qu'il fera au cours de sa vie lui fourniront la matière première pour écrire ses romans.

Lors de la guerre franco-prussienne (1870), il officie en tant que garde-côte à Crotoy sans cesser d'écrire. La même année, il est fait chevalier de la légion d'honneur (il deviendra officier de la légion d'honneur en 1892). Il tentera également, mais en vain, d'entrer à l'Académie française avant de renoncer, écœuré, bien que ses œuvres soient reconnues comme remarquables par l'institution.

Il déménage à nouveau en 1872 pour s'installer à Amiens en Picardie, où il vivra jusqu'à sa mort.

La carrière de Jules Verne prend un nouveau tournant en 1886 avec le décès de P.J. Hetzel. La même année il se résout à vendre son bateau, le Saint Michel III pour des raisons financières, puis subit une attaque de la part de son neveu Gaston. Blessé à la jambe, il en gardera une claudication permanente jusqu'à la fin de ses jours. Touché par le décès de son ami, son enthousiasme pour la science en déclin, il réduit donc son activité littéraire.

En 1888, Jules Verne est élu conseiller municipal d'Amiens, il reporte son attention sur la vie de la cité durant les années suivantes. Sa santé déclinante et son âge commencent à constituer une contrainte non négligeable à l'écriture.

Il décède à Nantes le 24 mars 1905 d'une crise de diabète. Il est enterré à Amiens, au cimetière de la Madeleine. Les journaux de l'époque relatent que plus de 5000 personnes assistèrent à ses funérailles. Il laisse derrière lui plusieurs manuscrits non publiés, dont son fils Michel assurera la parution jusqu'en 1914.

PRÉSENTATION DE CINQ SEMAINES EN BALLON

Cinq semaines en ballon relate la traversée en 1862 de l'Afrique d'est en ouest à bord de l'aérostat Victoria par le docteur Samuel Fergusson, son ami Dick Kennedy et son jeune serviteur Joe. Au gré du vent et grâce à l'ingéniosité de la conception de cet engin unique en son genre, le trio d'explorateurs découvre le continent, ses peuples, sa faune et sa flore sur les traces de ceux qui les ont précédés.

À la fois magnifique et dangereuse, l'Afrique se dévoile au long du périple à travers le regard de ces trois anglais qui arpentent le ciel. Partis en quête du graal des explorateurs, la source du Nil, ils affrontent les risques d'une telle expédition avec courage et curiosité afin de prouver aux incrédules qu'une traversée par ce moyen de locomotion est techniquement possible. Les imprévus ne manqueront pas, et il faudra aux héros déployer toute l'audace et les ressources dont ils sont capables pour mener à bien leur entreprise.

Roman d'aventure destiné à la jeunesse, l'ouvrage est le premier et l'un des plus connus qu'a écrit Jules Verne pour la série de ses *Voyages Extraordinaires*. Intéressant à de nombreux points de vue, Cinq semaines en ballon contient déjà tous les ingrédients du style qui fera la renommée de l'auteur par la suite et le portera à la notoriété. Publié en 1863 par son éditeur et ami Pierre-Jules Hetzel, ce fut le tournant de la vie de l'écrivain, qui entame dès lors une carrière auréolée de succès.

RÉSUMÉ DU ROMAN

CHAPITRE I

14 février 1862. À la Société Royale de Géographie de Londres, Sir Francis M… produit un discours qui enthousiasme les membres de l'organisation. Il présente le docteur Samuel Fergusson, qui est sur le point de partir en expédition pour compléter les connaissances ethnographiques sur l'Afrique. L'homme est présenté comme un aventurier né, un baroudeur intelligent dont les découvertes sont suivies par de nombreuses personnes et le peuple anglais. L'ensemble de la Société Royale porte un toast en son honneur.

CHAPITRE II

Un article du Daily Telegraph parait le lendemain pour présenter l'expédition : il s'agira d'une traversée en ballon d'est en ouest de l'Afrique, au départ de Zanzibar. L'article ne laisse pas indifférent, nombreux sont ceux qui doutent de l'existence du docteur Fergusson et font des paris sur l'issue de l'aventure. Mais bientôt ces rumeurs cessent, car les préparatifs vont bon train. Le gouvernement met le capitaine Pennet à la disposition du docteur.

CHAPITRE III

L'ami de Fergusson, Dick Kennedy, apprend le projet de son ami via la presse et se rend chez lui pour le convaincre de ne pas succomber à cette folie. Le docteur n'est pas surpris de le voir et lui annonce qu'il comptait l'embarquer avec lui, puis s'efforce de le convaincre de son projet en vantant les avantages du ballon et le principe qu'il faut prendre des risques. Dick accepte, mais reste sceptique et bien décidé à arrêter l'expédition avant qu'elle ne démarre.

CHAPITRE IV

Récapitulatif des expéditions des prédécesseurs de Samuel Fergusson.

CHAPITRE V

Kennedy continue d'essayer de dissuader son ami d'accomplir l'expédition, toutefois c'est l'inverse qui se produit : il commence à se laisser aller à imaginer participer à la mission. Et lorsqu'il demande le pourquoi, Fergusson lui explique qu'il y a de nombreux explorateurs déjà partis sur place avec le même objectif : trouver la source du Nil, sorte de graal des explorateurs.

CHAPITRE VI

Introduction du personnage de Joe, le serviteur dévoué de Fergusson, un jeune homme à la vue excellente et qui donnerait sa vie pour la confiance de son maitre. Il est le reflet inversé de Dick d'une certaine manière. Kennedy, lui, continue de freiner des deux pieds. Il consent cependant à se peser avec les deux autres pour établir leur poids et ajuster l'aérostat.

CHAPITRE VII

Exposé de l'agencement du ballon (deux en un, le second étant plus petit et imbriqué dans le premier pour le au-cas-où) et du fret embarqué à bord.

CHAPITRE VIII

Le 18 février, le bateau Resolute conduit par le capitaine Pennet embarque l'aérostat ; Fergusson, Joe et Kennedy s'y installent le lendemain. La Société Royale de Géographie organise un dîner d'adieu le soir du 20, le navire part à minuit pour Zanzibar. L'équipage se passionne pour le projet du docteur tandis que Kennedy déclare qu'il ne montera pas. Le docteur lui affirme qu'il montera pourtant ; le chasseur opte pour se taire jusqu'à l'arrivée à leur point de lancement.

CHAPITRE IX

Le navire poursuit sa route. Joe fanfaronne auprès des marins qu'un jour ils monteront visiter les planètes du système solaire, car le transport aérien est l'avenir. De son côté Fergusson annonce avoir trouvé le moyen de ne perdre ni lest, ni gaz lors de la traversée, grâce à un procédé qu'il a développé lui-même.

CHAPITRE X

Fergusson expose le moyen qu'il a trouvé pour les mouvements de montée et descente : il suffit de jouer sur la température pour que le gaz du ballon se dilate ou se contracte, à l'aide d'un ingénieux système utilisant à la fois la chimie, la physique et la mécanique.

CHAPITRE XI

Le Resolute parvient à Zanzibar le 15 avril matin. Au vu des protestations de la population locale, qui considère que monter dans le ciel tutoyer la lune et le soleil est sacrilège, le consul anglais local conseille de préparer l'aérostat sur une île légèrement éloignée des côtes. Les préparatifs vont bon train pendant les jours suivants, malgré les rituels magiques que pratiquent les Africains. Le dîner d'adieu la veille du départ est triste, le doute sur les chances de survie et de revenir un jour au pays hantent les esprits. Le lendemain Fergusson et Joe montent à bord ; Kennedy les rejoint après avoir établi qu'il a tout fait pour empêcher ce voyage, ce qui lui laisse la conscience tranquille. Lorsque l'aérostat s'envole ils décident de le baptiser Victoria, en hommage à la reine d'Angleterre.

CHAPITRE XII

Le Victoria franchit le détroit qui sépare l'île de Zanzibar de la côte africaine. Joe s'émerveille de la vue, bientôt rejoint par Kennedy tandis que le docteur pilote l'engin sur les traces des explorateurs précédents. Ils survolent l'Uzuramo, puis une terre où sévissent les miasmes de la malaria et atteignent le soir même le mont Duthumi. Tout du long, les populations survolées lancent des imprécations ou des flèches dans leur direction bien qu'ils ne puissent pas les atteindre. Ils jettent l'ancre et fixent l'aérostat solidement à un arbre avant de se répartir les tours de garde pour la nuit.

CHAPITRE XIII

Kennedy se réveille le lendemain avec la fièvre, alors que le temps vire à la pluie dans cette région humide qu'est le Zungomero. Le docteur assure être en mesure de le guérir sans médicaments : il monte le ballon en hauteur pour exposer son ami au grand air, ce qui achève de le requinquer. Aperçu d'une mer de nuages en dessous du ballon. Ils franchissent sans encombre le Rubeho, dit « Le passage des vents », montagne aux pics acérés et dangereux. En début d'après-midi le docteur arrime le Victoria et propose à ses deux amis d'aller chasser de l'antilope pour leur repas.

CHAPITRE XIV

Kennedy et Joe parcourent une forêt de gommiers, le premier abat une antilope. Alors qu'ils sont en train de la cuire pour ramener à bord le produit de leur chasse, un coup de feu retentit au loin. Le duo emporte prestement son butin et court au Victoria qui est assailli d'indigènes. Il s'avère qu'il s'agit en réalité de grands singes, qui sont vite mis en déroute. Ils reprennent la route, traversent l'Ugogo, puis passent la nuit à mille pieds d'altitude pour être en sureté. Après la nuit froide, le Victoria a dérivé vers le nord-est au niveau de Jihoue-la-Mkoa. Joe descend à terre remplir un baril d'eau pour alimenter la machinerie de l'aérostat. L'équipe reprend la route et atteint l'Uniamwezy : en deux jours de trajet ils ont accompli ce que d'autres n'ont fait qu'en quatre mois et demi !

CHAPITRE XV

Arrivée à Kazeh, ville marchande. Le docteur décide de descendre malgré une première réaction effrayée des indigènes. Les sorciers arrivent, le docteur parle arabe avec eux : ils prennent le Victoria pour la Lune descendue sur Terre les visiter avec ses émissaires. Le sultan est malade, on leur demande d'intervenir. Fergusson accepte et descend seul malgré les protestations de Joe, laissant la garde du Victoria à ses deux amis pour être prêts à partir rapidement si jamais. Le sultan malade n'est au final qu'un ivrogne abruti par les excès pour lequel il n'y a rien à faire, le docteur le ranime brièvement et s'en va. Pendant ce temps Joe s'est fait adoré par la population, leur donnant un aperçu de ce que sont les « gens de la Lune ». Mais lorsque le docteur revient, il est temps de partir : la vraie Lune se lève déjà, on crie à l'imposteur, aux faux dieux. Le Victoria fuit donc, embarquant un sorcier accroché à son ancre qu'ils déposeront quelques lieues plus loin.

CHAPITRE XVI

L'atmosphère fait pressentir un orage tandis que le Victoria survole le pays de Mtuto. Fergusson présente l'Afrique comme le futur de l'humanité avec ses ressources inépuisables. Contemplation de la faune et de la flore du pays par les personnages depuis le ballon, fascinés. L'orage se profile de plus en plus, le vent tombe, paralysant le ballon là où il se trouve. Kennedy et Joe s'endorment, mais Fergusson les réveille en urgence peu de temps après : la foudre tombe, l'orage se déchaine, il faut prendre le risque de monter pour dépasser les nuées. Le Victoria tient le choc, le spectacle vu par en dessus est démentiel et fascinant.

CHAPITRE XVII

Le lendemain matin, l'orage est terminé, Fergusson cherche un courant aérien pour se diriger vers l'équateur. Ils atteignent la région de Karagwah, désireux de s'approvisionner, malheureusement aucune prise ne réussit à accrocher l'ancre du Victoria : c'est comme survoler une mer de hautes herbes. Soudain l'ancre se prend entre les défenses d'un éléphant, qui se met à courir en trainant derrière lui le Victoria. Cela dure un temps, néanmoins l'approche d'un bois contraint Kennedy à abattre l'animal avec l'aide de Joe. Ils descendent à terre, Joe cuisine la bête pendant que Fergusson examine le ballon et que Kennedy part chasser. L'endroit est enchanteur et sûr, ils décident d'y passer la nuit.

CHAPITRE XVIII

L'aérostat survole le Karagwah jusqu'à atteindre le lac Victoria. Les explorateurs s'arriment à une île au milieu du lac afin d'éviter le contact avec les tribus féroces qui vivent sur les rives. Fergusson est excité à l'idée d'approcher de la source du Nil à tel point qu'il ne peut pas dormir. Le lendemain, ils franchissent l'équateur et portent un toast. Ils découvrent un fleuve qui s'écoule du lac, vraisemblablement le lien inconnu entre le Nil et le lac Victoria. Fergusson fait en sorte de suivre son cours afin de confirmer ce point scientifique. Les populations en dessous semblent deviner une invasion d'étrangers, il faut rester prudents. Néanmoins le docteur insiste pour descendre afin d'obtenir confirmation qu'il s'agit bien de la source tant espérée. Ils atteignent l'île de Benga et obtiennent confirmation que c'est bien là que s'était arrêté Andrea Debono, l'explorateur étant allé le plus avant vers la source du fleuve. Ils repartent triomphants pour rallier Gondokoro.

CHAPITRE XIX

Les vents empêchent de suivre la direction de Gondokoro, l'ambiance est mélancolique. Le Victoria se contente donc de longer le Nil vers le nord, avant de bifurquer dans la *terra incognita* africaine. La nuit se passe arrimé à la Montagne tremblante ; Fergusson estime qu'ils se trouvent en Usoga, territoire peuplé de tribus anthropophages.

CHAPITRE XX

Le Victoria survole plusieurs villages, qui disposent chacun d'un arbre auquel sont accrochés des crânes et autres ossements humains. L'équipage aperçoit ensuite une bataille entre deux tribus, sanglante. Certains se repaissent de la chair de leurs ennemis tout juste tués. Kennedy n'y tient plus et abat l'un des meneurs. Ecœuré, le trio prend de l'altitude et prend le large.

CHAPITRE XXI

La nuit tombe, le Victoria est arrimé à un baobab dans un territoire inconnu. Kennedy monte la garde lorsque soudain il entend du bruit. Il croit d'abord à une attaque de singes, cependant il devine un danger plus grand. Il réveille ses acolytes, puis descend avec Joe dans l'arbre. Ils voient alors des indigènes en train de monter vers eux, Kennedy tire. Ils entendent aussitôt une voix appeler à l'aide en français. Ils décident d'aller secourir l'inconnu et s'accordent sur un plan. Fergusson bricole un projecteur afin d'y voir dans la nuit.

CHAPITRE XXII

Profitant de la terreur des indigènes à l'apparition d'une lumière vive au cœur de la nuit, le trio récupère le prisonnier, un missionnaire. Ils sont obligés de lâcher du lest pour échapper à quelques téméraires, l'un d'eux s'accroche mais finit par chuter dans le vide lorsqu'il reçoit une caisse sur lui. Le rescapé est faible, presque mourant, Fergusson lui prodigue ses soins en altitude. Le missionnaire est en Afrique depuis cinq ans, seul et sans nouvelles de l'Europe. Affaibli, il est heureux de se trouver entre des mains amies. Le Victoria croise un volcan en activité, ils contemplent tous la beauté du spectacle depuis les hauteurs.

CHAPITRE XXIII

Le missionnaire meurt pendant la nuit en bénissant ses sauveurs. Le trio l'enterre sur une montagne dans un territoire aride. Fergusson constate, ironie du sort, que cet homme qui avait fait vœu de pauvreté est inhumé sur une mine d'or ! Joe cherche à ramener une part de ce butin, mais il leste trop le Victoria. Amusés, Fergusson et Kennedy le contraignent à se débarrasser d'une partie de ce lest qui les entrave, en promettant de noter l'emplacement pour le retrouver par la suite. Le jeune garçon s'exécute, dépité. Le docteur s'inquiète en secret du manque d'eau à venir, à cause de la caisse qu'il a du jeter lors du sauvetage la veille.

CHAPITRE XXIV

Le Victoria arpente le Sahara, le vent est quasi inexistant et l'eau doit être rationnée. Il n'en reste que pour trois jours et demi en comptant ce qu'il faut pour se désaltérer et maintenir l'aérostat dans les airs. Durant deux jours il n'y a aucune oasis, la progression est désespérément lente. Fergusson hésite à pousser plus avant ou revenir en arrière, sachant qu'en avant c'est l'inconnu. Ses compagnons se rallient avec lui à cette idée pourtant. Ils ont parcouru la moitié du voyage en terme de distance.

CHAPITRE XXV

Au troisième jour Joe aperçoit un nuage, Fergusson fait monter le Victoria pour profiter du vent léger qui le pousse.

Peine perdue, il n'y en a presque pas. Joe découvre l'étrange effet des mirages lorsqu'il aperçoit un second aérostat dans les nuages, qui n'est autre qu'une réplique du Victoria. Ils redescendent ensuite, finissent par apercevoir deux palmiers, puis un puit entouré d'ossements. Joe et Kennedy descendent : le puit est à sec, Fergusson pressent qu'il va devoir avoir du courage pour trois.

CHAPITRE XXVI

Le lendemain matin, il ne reste que pour six heures de carburant, l'eau est encore plus rationnée. Pendant que ses compagnons sombrent dans la torpeur, Fergusson tente un dernier essai en montant plus haut, quitte à brûler en grande partie les dernières réserves. Peine perdue, il n'y a pas de vent. Bloqués, ils attendent. La nuit tombée Fergusson essaye de partir en marchant pour trouver de l'eau, il s'évanouit dans le désert. Joe, inquiet de le voir disparu, le retrouve et le ramène au Victoria, affirmant que si d'ici le lendemain rien n'a changé il partira lui, pour trouver un village et le précieux liquide.

CHAPITRE XXVII

L'enfer de la soif continue, la chaleur est insoutenable. Kennedy boit les dernières réserves d'eau, la journée s'écoule avec une lenteur exaspérante. Le lendemain, le chasseur s'apprête à se tirer une balle dans la tête pour en finir, Joe l'en empêche de justesse. À ce moment Fergusson aperçoit leur salut : le simoun. Ils lâchent du lest et se font emporter par le vent. Ils parviennent à l'aide de la providence non loin d'une oasis. Ils s'y rendent, affrontent avec succès un lion et une lionne : ils sont enfin sauvés grâce à l'eau qui s'y trouve.

CHAPITRE XXVIII

Les deux jours suivants se passent à bivouaquer et reprendre des forces. Fergusson raconte une anecdote sur l'incrédulité des occidentaux à l'idée que les africains mangent de la viande crue, et la manière dont un explorateur las de supporter des plaisanteries à ce sujet força un écossais à manger un steak cru. Le vent ne semble pas décider à se lever, mais dans le courant de la nuit il se remet à souffler. Le Victoria repart donc précipitamment, ses réserves d'eau reconstituées.

CHAPITRE XXIX

Le vent pousse le Victoria hors du désert à bonne vitesse. Les passagers voient le paysage défiler, la faune est impressionnante de diversité, au désespoir de Kennedy qui aimerait bien chasser mais ne peut pas à cause de l'impossibilité de se poser. Ils survolent le royaume d'Adamova, retrouvant ainsi la piste qu'ont laissée d'autres explorateurs avant eux. Ils dérivent en direction du fleuve Bénoué, affluent du fleuve Niger, puis vers la ville d'Yola. Ils passent la nuit dans la tourmente, le lendemain la direction des courants aériens change : il sera impossible d'atteindre la ville d'Yola que désirait voir Fergusson. Ils franchissent le mont Mendif avec précaution puis s'accordent une nouvelle nuit de repos après la chasse.

CHAPITRE XXX

Le Victoria poursuit sa route, croisant celle d'un cheikh arabe qui se prosterne devant l'aérostat. L'équipage poursuit sa route, s'interrogeant sur la possibilité de ne pas passer pour une apparition surnaturelle. Fergusson fait un exposé de la région qu'ils traversent, le Mandara, véritable cimetière d'expéditions européennes. Ils parviennent au dessus de la ville de Kernak. Le cheikh local leur intime de partir par gestes, la population gesticule de manière simiesque, mais le manque de vent bloque le Victoria. Ils parviennent à s'élever à temps pour éviter qu'un coup de fusil ne perce l'enveloppe. Le soir venu, les villageois lancent des pigeons avec la queue enflammée pour qu'ils mettent le feu au ballon, il faut s'élever davantage pour échapper au danger.

CHAPITRE XXXI

Dans la nuit le vent souffle à nouveau, progressivement le Victoria rejoint le Shari, puis le lac Tchad. Kennedy maugrée qu'il veut chasser, frustré du peu d'occasion qui se sont présentées à lui. Une fois au lac Fergusson analyse l'eau, Kennedy tire sur un hippopotame sans effet. Décision est prise d'aller s'arrimer à l'extrémité septentrionale afin qu'il puisse s'en prendre au gibier à son aise.

CHAPITRE XXXII

Le Victoria atteint Kouka, la capitale du Bournou, puis est renvoyé vers le lac Tchad au niveau des îles de Biddiomahs. Soudain une horde de quatorze gypaètes se met à tourner autour de l'aérostat. Kennedy est prêt à les aligner dans sa ligne de mire mais Fergusson, effrayé, lui intime de ne pas stimuler l'agressivité des rapaces. Néanmoins ceux-ci attaquent quand même, ils n'en tuent que trois et le restant passe hors de portée de tir pour crever l'enveloppe du ballon. Lors de la chute l'équipage jette du lest encore et encore, toutefois seul le saut courageux de Joe dans le vide parvient à ralentir la descente infernale et à stabiliser assez l'appareil pour qu'il puisse s'arrimer sans trop de dégâts.

CHAPITRE XXXIII

Fergusson et Kennedy, rendus amers par la perte de leur compagnon, agissent au mieux : le docteur prépare le ballon de secours tandis que l'autre va reconstituer le stock de vivres par la chasse. Cela est bientôt fait, le lendemain ils entament les recherches autour du lac pour retrouver Joe. Ils luttent contre le désespoir, alors qu'au soir ils n'ont toujours pas trouvé trace de lui.

CHAPITRE XXXIV

Un ouragan commence, il faut partir sous peine de voir déchirée l'enveloppe du ballon. C'est à regret pour leur camarade que les rescapés coupent l'ancre, ils se jurent de revenir chercher Joe. Le vent les pousse avec violence jusqu'au Soudan, leur fait traverser une portion du Sahara en leur montrant le sort funeste d'une caravane en train de se faire ensevelir sous le sable, avant de les renvoyer dans la direction d'où ils sont venus.

CHAPITRE XXXV

Retour sur Joe, qui a survécu à sa chute. Il nage jusqu'à une île, effrayé des caïmans. Des Biddiomahs le récupèrent et le mènent à leur village qui se trouve sur l'îlot. Ils réagissent avec Joe comme lors de l'épisode de Kazeh où il avait été vénéré, le jeune homme reste prudent. Il s'endort en sécurité, en proie au doute sur son avenir. Dans le courant de la nuit il est réveillé par une inondation : l'île a été submergée, comme cela est souvent le cas sur le lac Tchad. Joe s'empare d'une pirogue à la dérive, rejoint la rive. Il dort dans un arbre, qu'au matin il découvre infesté de serpents. Il continue à pied à la recherche du Victoria, affrontant la faune et la flore du pays, affamé. Alors qu'il se cache d'une tribu indigène, il aperçoit l'aérostat dans les airs entrainé au loin. Joe se croit abandonné. Il continue à marcher ; à la nuit tombée il s'enfonce malencontreusement dans un marécage, il sent venue l'heure de sa mort.

CHAPITRE XXXVI

Tandis que le vent repousse le Victoria vers le désert à nouveau, ses passagers aperçoivent sur leur trajectoire un nuage de poussière, il s'agit d'une troupe de cavaliers arabes à la poursuite d'un homme. Après examen il s'agit de Joe ! S'ensuit une course poursuite, à la fin de laquelle Fergusson et Kennedy réussissent à récupérer leur compagnon au nez et à la barbe de ses assaillants.

CHAPITRE XXXVII

Le lendemain, le Victoria survole le royaume du Damerghou, puis dérive vers le nord. Joe s'éveille, remis de ses émotions et raconte ce qui lui est arrivé. L'ancre coupée du Victoria et sa corde se trouvaient dans le marécage où il s'était enfoncé, il lui a suffit de s'en emparer pour s'extirper de la fange. Sur son chemin il a croisé un cheptel de chevaux, en a volé un, puis galopé dans la trajectoire du Victoria, non sans traverser un camp arabe dont les occupants lui ont aussitôt donné la chasse. La suite est connue. Le Victoria continue de dériver vers le nord, abandonnant le désert : décision est prise de se rendre à la cité mythique de Tombouctou. Ils font escale pendant la nuit à Aghadés, une ville en ruine.

CHAPITRE XXXVIII

Le trajet continue, Fergusson s'inquiète de la déperdition en gaz du ballon de secours. Deux jours passent, au dimanche, ils croisent une caravane arabe montant des méharis (chameaux), puis croisent le fleuve Niger, dont le docteur fait l'historique d'exploration. L'arrivée à Tombouctou est prévue pour mardi sauf imprévu.

CHAPITRE XXXIX

Vue nocturne fantastique des monts Hombori, à l'ambiance presque surnaturelle. Arrivé à Tombouctou, le Victoria ne fait que passer au dessus sans s'attarder. Fergusson se désole que cette antique cité glorieuse ne soit plus qu'une banale ville de commerçants. Kennedy et Fergusson s'inquiètent de l'arrivée sur la côte, car la quantité de gaz continue de diminuer. Ils lâchent les derniers sacs de lest.

CHAPITRE XL

Fergusson s'inquiète toujours davantage de la mauvaise direction du vent. Ils croisent une nuée de criquets qui s'apprête à fondre sur le pays en dessous. Lorsqu'ils arrivent à la ville de Jenné le vent tourne enfin dans la direction voulue, le docteur commence à être plus rassuré, même s'il faut encore joindre le fleuve Sénégal et le traverser avant d'atteindre la côte est africaine.

CHAPITRE XLI

Le Victoria approche du Sénégal via une des contrées parmi les plus dangereuses de l'Afrique à cause des Thalibas, une horde de brigands qui sévit depuis des années. Le ballon perd lentement de l'altitude, il faut franchir une ligne de montagnes dont les crêtes menacent l'intégrité de l'aérostat. L'équipage lance par-dessus bord tout ce qu'il est possible pour gagner assez d'altitude ; au moment où Fergusson croit tout perdu et où Kennedy se prépare à abandonner ses dernières armes, Joe intervient en s'accrochant à la nacelle par en dessous, parvenant ainsi à marcher sur la crête de manière à faire franchir l'obstacle au Victoria. Choix est fait de s'arrêter pour la nuit au dessus de la cime des arbres, juste en contrebas de la montagne.

CHAPITRE XLII

Joe et Kennedy rivalisent d'esprit de sacrifice pour permettre au Victoria de redécoller, Fergusson tempère leur générosité en proposant de démanteler le mécanisme de production de gaz, désormais inutile, afin de s'alléger. Ils ne sont plus qu'à 25 miles du Sénégal. Durant la nuit, les brigands du pays mettent le feu à la forêt proche afin de les faire périr, mais ils parviennent à décoller en coupant l'ancre qui les retient.

CHAPITRE XLIII

Les Thalibas les poursuivent à cheval, le Victoria peine à se maintenir dans les airs, il manque s'échouer au sol plusieurs fois. Dans une manœuvre désespérée, Fergusson ordonne de couper la nacelle et de s'accrocher au filet du ballon qui décolle. Ils prennent ainsi de l'avance, mais échouent à une centaine de pas du fleuve Sénégal. Néanmoins l'ingénieux docteur ne s'avoue pas vaincu et trouve le moyen d'exploiter leur avance : il remplit le ballon d'air chaud en faisant un grand feu, ce qui leur permet de s'élever une dernière fois afin de franchir le fleuve, hors de portée des ennemis. Ils sont recueillis par des militaires français interloqués.

CHAPITRE XLIV

Les français dressent un procès-verbal pour confirmer que le docteur Fergusson et son équipage ont bien accompli le périple prévu. Ils rentrent quelques semaines plus tard en Angleterre par la mer, où ils sont décorés de la médaille d'or de la plus remarque mission d'exploration de 1862.

LES RAISONS
DU SUCCÈS

Lors de la parution de son premier roman *Cinq semaines en ballon* en 1863, Jules Verne est un auteur connu pour ses pièces de théâtres et ses nouvelles. Lancé à partir de ce moment parmi les grands grâce à son ami et éditeur Pierre-Jules Hetzel, ses *Voyages Extraordinaires* toucheront par la suite un lectorat de plus en plus large à la recherche d'histoires dépaysantes et d'aventures alors que le mouvement romantique s'essouffle et cède au réalisme de Flaubert.

Il importe de garder à l'esprit qu'à cette époque les récits de voyage étaient l'un des seuls moyens de dépeindre les missions d'explorations ou de présenter au public des territoires jusque là méconnus. Le genre est donc relativement en vogue, surtout auprès d'une population curieuse de ce qu'elle ne connaît pas et n'aura certainement jamais l'occasion de voir de ses propres yeux. L'exploration de l'Afrique, alors que l'on est en pleine période colonialiste, fait notamment partie de ces aventures qui captivent le lectorat et le laissent rêveur. De plus, au moment où l'ouvrage parait, les aérostats fascinent le public, notamment grâce au travail du photographe Nadar, ami de Jules Verne.

Cinq semaines en ballon contient en germe tous les ingrédients qui feront la recette des œuvres à venir de l'auteur : anticipation scientifique, style clair et concis, découverte d'endroits inexplorés, machines fantastiques, rebondissements et péripéties nombreuses...

C'est par exemple avec un grand nombre de détails et de chiffres que Jules Verne décrit le Victoria et ses mécanismes, le fonctionnement de ces derniers. On reconnaît là l'importance du thème du progrès technique dans l'œuvre de l'écrivain, cette volonté de dévoiler au lecteur la manière dont la science s'immisce dans le quotidien pour le transformer. L'objectif est de distraire tout en éduquant, ce qui plait et séduit le public.

Cet aspect caractéristique du roman jeunesse s'intègre particulièrement bien au récit, car la collection des *Voyages Extraordinaires* s'adressait spécifiquement à ce lectorat lors de son lancement. L'aspect merveilleux du récit d'anticipation scientifique joua pour beaucoup dans l'appréciation des *Voyages Extraordinaires* par les jeunes, car ils pouvaient s'identifier aux héros et développer avec plaisir leur connaissance du monde qui les entoure.

Il est à noter également que les illustrations ont énormément joué dans l'imagerie vernienne, à tel point qu'aujourd'hui encore celles-ci sont utilisées tant elles font partie de l'identité du roman. Celles, magnifiques, de M.M Riou et Montaut sur cet ouvrage, ne font pas exception à la règle et ont contribué au succès du livre.

Jamais démenti, le succès de *Cinq semaines en ballon* fait que celui-ci ne cesse d'être réédité depuis sa publication originelle, et compte parmi les plus connues du grand public à l'heure actuelle parmi l'ensemble de l'œuvre de Jules Verne.

LES THÈMES
PRINCIPAUX

Avant toute chose, il convient d'insister sur le fait que *Cinq semaines en ballon* est un récit de voyage et d'aventure se basant sur les avancées techniques de l'époque. Ce qui compte n'est dès lors pas tant l'histoire elle-même que la manière dont se déroule le périple et les péripéties que cela implique. Jules Verne s'emploie ainsi à intégrer son roman dans le cadre des grandes explorations scientifiques du monde qui parsèment le XIXe siècle et fascinent les populations. Découvrir la source du Nil, alors un véritable graal pour les chercheurs et explorateurs, accompagnée de la perspective d'une découverte de l'Afrique, fournissent un prétexte excellent à développer le récit. Le ton est donné dès le début.

Chapitre II : « L'Afrique va livrer enfin le secret de ses vastes solitudes ; un Œdipe moderne nous donnera le mot de cette énigme que les savants de soixante siècles n'ont pu déchiffrer. Autrefois, rechercher les sources du Nil, *fontes Nili quoerere*, était regardé comme une tentative insensée, une irréalisable chimère. »

Le docteur Barth, en suivant jusqu'au Soudan la route tracée par Denham et Clapperton ; le docteur Livingstone, en multipliant ses intrépides investigations depuis le cap de Bonne Espérance jusqu'au bassin du Zambezi ; les capitaines Burton et Speke, par la découverte des Grands Lacs intérieurs, ont ouvert trois chemins à la civilisation moderne ; leur point d'intersection, où nul voyageur n'a encore pu parvenir, est le cœur même de l'Afrique. C'est là que doivent tendre tous les efforts.

Or, les travaux de ces hardis pionniers de la science vont être renoués par l'audacieuse tentative du docteur Samuel Fergusson, dont nos lecteurs ont souvent apprécié les belles explorations. Cet intrépide découvreur se propose de traverser en ballon toute l'Afrique de l'est à l'ouest.

Si nous sommes bien informés, le point de départ de ce surprenant voyage serait l'île de Zanzibar sur la côte orientale. Quant au point d'arrivée, à la Providence seule il est réservé de le connaître. »

Une fois annoncé ce qui va suivre, Jules Verne s'attache à décrire le périple, étape par étape, à la manière d'un récit de voyage, d'un reportage. Celui-ci, par sa manière de présenter l'Afrique et sa population, est en grande partie le fruit de l'époque où le roman a été écrit, c'est-à-dire en pleine période d'expansion colonialiste. Si aujourd'hui de tels propos raciaux peuvent choquer, ils sont toutefois le reflet de la vision ethnologique du XIXe siècle, à savoir la supériorité de l'homme occidental sur les autres peuples, considérés comme barbares et primitifs.

Chapitre XIV : « -Nous t'avions cru assiégé par des indigènes.
-Ce n'étaient que des singes, heureusement ! répondit le docteur
-De loin, la différence n'est pas grande, mon cher Samuel.
-Ni même de près, répliqua Joe. »

Chapitre XII : « - Alors tenons-nous à une distance respectueuse de ces mécréants. Que doivent-ils penser à nous voir planer dans les airs ? Je suis sûr qu'ils ont envie de nous adorer.
- Laissons-nous adorer, répondit le docteur, mais de loin. On y gagne toujours. »

En présentant les indigènes de cette manière, l'auteur parvient à construire un contraste d'autant plus marqué entre ses personnages, qui profitent du progrès technique, et ceux qui sont dès le départ présentés comme primitifs et arriérés.

Chapitre XII : « Le Victoria passa près d'un village que, sur sa carte, le docteur reconnut être le Kaole. Toute la population rassemblée poussait des hurlements de colère et de crainte ; des flèches furent vainement dirigées contre ce monstre des airs, qui se balançait majestueusement au-dessus de toutes ces fureurs impuissantes. »

Il convient dans ce cas de les civiliser, grâce à la colonisation et aux missionnaires envoyés sur place évangéliser les indigènes.

Chapitre XXII : « Ce sont des âmes à racheter, dit le jeune prêtre, des frères ignorants et barbares, que la religion seule peut instruire et civiliser. »

Le thème du progrès technique, base du roman d'anticipation scientifique qui fit connaître Jules Verne, est aussi bel et bien présent dans le roman. Sans l'ingénieux système de propulsion du docteur Fergusson, le voyage extraordinaire dont il est question n'aurait jamais eu lieu. La science est ainsi devenue le moteur du récit, au sens propre du terme : le moyen de locomotion est autant un objet de fascination que l'Afrique qu'il permet de traverser.

Cette fascination s'appuie sur un exposé chiffré des caractéristiques du Victoria, aussi bien en terme de capacité que de puissance motrice. Cette manière de présenter une technologie avec une précision d'ingénieur est typique de Jules Verne : le but est de rester dans le domaine du plausible et du réalisme scientifique.

Chapitre X : « La combustion de l'hydrogène et de l'oxygène à la pointe du chalumeau produit uniquement de la vapeur d'eau. J'ai donc muni la partie inférieure de la caisse cylindrique en fer d'un tube de dégagement avec soupape fonctionnant à moins de deux atmosphères de pression ; par conséquent, dès qu'elle a atteint cette tension, la vapeur s'échappe d'elle même.

Voici maintenant des chiffres très exacts. Vingt-cinq gallons d'eau décomposée en ses éléments constitutifs donnent deux cents livres d'oxygène et vingt-cinq livres d'hydrogène. Cela représente, à la tension atmosphérique, dix-huit cent quatre-vingt-dix pieds cubes du premier, et trois mille sept cent quatre-vingts pieds cubes

du second, en tout cinq mille six cent soixante-dix pieds cubes du mélange.

Or, le robinet de mon chalumeau, ouvert en plein, dépense vingt-sept pieds cubes à l'heure avec une flamme au moins six fois plus forte que celle des grandes lanternes d'éclairage. En moyenne donc, et pour me maintenir à une hauteur peu considérable, je ne brûlerai pas plus de neuf pieds cubes à l'heure ; mes vingt-cinq gallons d'eau me représentent donc six cent trente heures de navigation aérienne, ou un peu plus de vingt-six jours. »

Le rapport au progrès se voit également évoqué par une citation de Kennedy au sujet de l'industrie, à la fois mélange de défiance et de fascination. En présentant la science et ses productions techniques comme une aide nécessaire à l'humanité pour se développer, l'auteur la valorise et justifie la course en avant technologique. Néanmoins celle-ci doit rester maitrisée, pour ne pas causer par accident la perte de l'être humain.

Chapitre XVI : « D'ailleurs, dit Kennedy, cela sera peut-être une fort ennuyeuse époque que celle où l'industrie absorbera tout à son profit ! A force d'inventer des machines, les hommes se feront dévorer par elles ! Je me suis toujours figuré que le dernier jour du monde sera celui où quelque immense chaudière chauffée à trois milliards d'atmosphères fera sauter notre globe ! »

Enfin, il faut rappeler que Cinq semaines en ballon parait dans une collection destinée en priorité à la jeunesse, ce qui oriente en partie la manière d'aborder certains thèmes. Pour Pierre-Jules Hetezl, l'éditeur de Jules Verne, ses publications devaient être à visée éducative et dispenser une certaine morale aux lecteurs, ce qui fait écho au contexte politique et social de l'époque (Second Empire). L'important, au regard des institutions et des savants, était notamment d'éduquer la jeunesse pour en faire des citoyens exemplaires. Le roman était, pour ce faire, un excellent moyen de diffusion de principes et d'idées.

Chapitre XX : « Si les grands capitaines pouvaient dominer ainsi le théâtre de leurs exploits, ils finiraient peut-être par perdre le goût du sang et des conquêtes ! »

Chapitre XXIII : « Vois, mon cher Dick, reprit le docteur, ce que peut la puissance de ce métal [or] sur le meilleur garçon du monde. Que de passions, que d'avidités, que de crimes enfanterait la connaissance d'une pareille mine ! Cela est attristant. »

L'auteur, en créant le personnage de Joe, créa ainsi une identité idéalisée du jeune homme enthousiaste, curieux et dévoué, en plus d'être débrouillard, à laquelle le lecteur peut s'identifier, tandis que les figures de Fergusson et de Kennedy représentent ce à quoi il peut aspirer devenir à condition de volonté et d'apprentissage. Ces archétypes, le jeune homme, le scientifique explorateur de l'inconnu et le chasseur téméraire, sont des figures classiques du roman jeunesse.

ÉTUDE DU MOUVEMENT LITTÉRAIRE

Jules Verne est l'un des plus grands écrivains de romans d'anticipation scientifique encore à l'heure actuelle. On lui attribue souvent la paternité du genre, ce qui est loin d'être erroné lorsque l'on constate à quel point son œuvre a eu une influence majeure par la suite. La science-fiction moderne est notamment issue de cette base, de ce mix entre anticipation scientifique et récit de voyage imaginaire qu'il a employé dans ses ouvrages.

Au XIXe siècle, il existait trois manières de représenter la réalité :
- Le réalisme, qui reproduit les objets et les lois du réel.
- Le fantastique, qui nie ponctuellement certaines caractéristiques du réel.
- L'anticipation, qui extrapole et prolonge certaines données du réel.

L'objectif du roman d'anticipation est donc un moyen d'imaginer la vie du futur en se basant sur les découvertes du présent. Pour ce faire, Jules Verne s'appuie sur les découvertes scientifiques de son temps, que ce soit en physique, biologie ou encore en mécanique, etc. afin de fournir un ensemble cohérent à ses œuvres. Il s'attache à ce que les inventions et machines merveilleuses qu'il imagine soient réalistes, plausibles et potentiellement développables. Si anticipation il y a, elle se doit d'être réaliste, y compris dans les lieux inaccessibles où ont lieu certaines aventures (ex : *Voyage au centre de la Terre*).

Jules Verne n'est cependant pas le seul auteur a avoir abordé ce type de récits. Néanmoins, là où lui s'attachait à placer les découvertes scientifiques dans le cadre de voyages Georges Wells (1866-1946), bien qu'influencé par Verne, dériva notamment vers une science fantaisiste, qui part du principe que la science a bel et bien réussi à trouver un moyen de produire l'objet du roman (ex : *La Machine à explorer le temps*, *L'Homme invisible*), sans se soucier de la nécessité de la justification scientifique. Il en profite pour développer des créatures (les extra-terrestres de *La Guerre des mondes*) et des sociétés étrangères à ce qui est connu (les Morlocks de *La Machine à explorer le temps*). Maurice Renard (1875 – 1939) lui emboite le pas avec le merveilleux scientifique. Dans ses romans, la science devient source de malaise et d'horreur à cause de ses excès potentiels. Avec lui se popularise la figure du savant fou grâce au roman *Le Docteur Lerne* (1908).

Avec le temps, on constate une divergence entre les auteurs anglo-saxons et les français. Les premiers ont une approche positive et glorificatrice de la science toute puissante, même si elle soulève des perspectives angoissantes, tandis que les seconds construisent des avenirs dévastés où règne un pessimisme systématique (Barjavel, Spitz…) et où sont dénoncés les excès de la science. Mais dans les deux cas, l'être humain finit par représenter une anomalie au sein du monde naturel : il faut avant tout s'efforcer de ne pas perdre de vue l'humanisme.

On retrouve là un écho au *Frankenstein ou le Prométhée Moderne* (1818) de Mary Shelley, souvent considéré comme le premier véritable livre de science-fiction : la morale du « science sans conscience n'est que ruine de l'âme » est devenue l'un des moteurs de l'exploration du futur.

L'entre-deux guerres est le point d'orgue du roman d'anticipation, avant que lentement le genre ne s'efface et soit remplacé par la science-fiction à partir des années 1950.

DANS LA MÊME COLLECTION
(par ordre alphabétique)

- **Anonyme**, *La Farce de Maître Pathelin*
- **Anouilh**, *Antigone*
- **Aragon**, *Aurélien*
- **Aragon**, *Le Paysan de Paris*
- **Austen**, *Raison et Sentiments*
- **Balzac**, *Illusions perdues*
- **Balzac**, *La Femme de trente ans*
- **Balzac**, *Le Colonel Chabert*
- **Balzac**, *Le Lys dans la vallée*
- **Balzac**, *Le Père Goriot*
- **Barbey d'Aurevilly**, *L'Ensorcelée*
- **Barbey d'Aurevilly**, *Les Diaboliques*
- **Bataille**, *Ma mère*
- **Baudelaire**, *Les Fleurs du Mal*
- **Baudelaire**, *Petits poèmes en prose*
- **Beaumarchais**, *Le Barbier de Séville*
- **Beaumarchais**, *Le Mariage de Figaro*
- **Beauvoir**, *Mémoires d'une jeune fille rangée*
- **Beckett**, *Fin de partie*
- **Brecht**, *La Noce*
- **Brecht**, *La Résistible ascension d'Arturo Ui*
- **Brecht**, *Mère Courage et ses enfants*
- **Breton**, *Nadja*
- **Brontë**, *Jane Eyre*
- **Camus**, *L'Étranger*
- **Carroll**, *Alice au pays des merveilles*
- **Céline**, *Mort à crédit*
- **Céline**, *Voyage au bout de la nuit*

- **Chateaubriand**, *Atala*
- **Chateaubriand**, *René*
- **Chrétien de Troyes**, *Perceval*
- **Cocteau**, *Les Enfants terribles*
- **Colette**, *Le Blé en herbe*
- **Corneille**, *Le Cid*
- **Crébillon fils**, *Les Égarements du cœur et de l'esprit*
- **Defoe**, *Robinson Crusoé*
- **Dickens**, *Oliver Twist*
- **Du Bellay**, *Les Regrets*
- **Dumas**, *Henri III et sa cour*
- **Duras**, *L'Amant*
- **Duras**, *La Pluie d'été*
- **Duras**, *Un barrage contre le Pacifique*
- **Flaubert**, *Bouvard et Pécuchet*
- **Flaubert**, *L'Éducation sentimentale*
- **Flaubert**, *Madame Bovary*
- **Flaubert**, *Salammbô*
- **Gary**, *La Vie devant soi*
- **Giraudoux**, *Électre*
- **Giraudoux**, *La Guerre de Troie n'aura pas lieu*
- **Gogol**, *Le Mariage*
- **Homère**, *L'Odyssée*
- **Hugo**, *Hernani*
- **Hugo**, *Les Misérables*
- **Hugo**, *Notre-Dame de Paris*
- **Huxley**, *Le Meilleur des mondes*
- **Jaccottet**, *À la lumière d'hiver*
- **James**, *Une vie à Londres*
- **Jarry**, *Ubu roi*
- **Kafka**, *La Métamorphose*
- **Kerouac**, *Sur la route*
- **Kessel**, *Le Lion*

- **La Fayette**, *La Princesse de Clèves*
- **Le Clézio**, *Mondo et autres histoires*
- **Levi**, *Si c'est un homme*
- **London**, *Croc-Blanc*
- **London**, *L'Appel de la forêt*
- **Maupassant**, *Boule de suif*
- **Maupassant**, *Le Horla*
- **Maupassant**, *Une vie*
- **Molière**, *Amphitryon*
- **Molière**, *Dom Juan*
- **Molière**, *L'Avare*
- **Molière**, *Le Malade imaginaire*
- **Molière**, *Le Tartuffe*
- **Molière**, *Les Fourberies de Scapin*
- **Musset**, *Les Caprices de Marianne*
- **Musset**, *Lorenzaccio*
- **Musset**, *On ne badine pas avec l'amour*
- **Perec**, *La Disparition*
- **Perec**, *Les Choses*
- **Perrault**, *Contes*
- **Prévert**, *Paroles*
- **Prévost**, *Manon Lescaut*
- **Proust**, *À l'ombre des jeunes filles en fleurs*
- **Proust**, *Albertine disparue*
- **Proust**, *Du côté de chez Swann*
- **Proust**, *Le Côté de Guermantes*
- **Proust**, *Le Temps retrouvé*
- **Proust**, *Sodome et Gomorrhe*
- **Proust**, *Un amour de Swann*
- **Queneau**, *Exercices de style*
- **Quignard**, *Tous les matins du monde*
- **Rabelais**, *Gargantua*
- **Rabelais**, *Pantagruel*

- **Racine**, *Andromaque*
- **Racine**, *Bérénice*
- **Racine**, *Britannicus*
- **Racine**, *Phèdre*
- **Renard**, *Poil de carotte*
- **Rimbaud**, *Une saison en enfer*
- **Sagan**, *Bonjour tristesse*
- **Saint-Exupéry**, *Le Petit Prince*
- **Sarraute**, *Enfance*
- **Sarraute**, *Tropismes*
- **Sartre**, *Huis clos*
- **Sartre**, *La Nausée*
- **Senghor**, *La Belle histoire de Leuk-le-lièvre*
- **Shakespeare**, *Roméo et Juliette*
- **Steinbeck**, *Les Raisins de la colère*
- **Stendhal**, *La Chartreuse de Parme*
- **Stendhal**, *Le Rouge et le Noir*
- **Verlaine**, *Romances sans paroles*
- **Verne**, *Une ville flottante*
- **Verne**, *Voyage au centre de la Terre*
- **Vian**, *J'irai cracher sur vos tombes*
- **Vian**, *L'Arrache-cœur*
- **Vian**, *L'Écume des jours*
- **Voltaire**, *Candide*
- **Voltaire**, *Micromégas*
- **Zola**, *Au Bonheur des Dames*
- **Zola**, *Germinal*
- **Zola**, *L'Argent*
- **Zola**, *L'Assommoir*
- **Zola**, *La Bête humaine*
- **Zola**, *Nana*
- **Zola**, *Pot-Bouille*